너의 이름만으로 행복했었다

너의 이름만으로 행복했었다

문형렬 시집

두엄

시집을 내며

땅에 바람에 허공에 파묻었던 그리움이
어느 날, 어느 곳에서
선정에 든 나무도 되지 못하고
여기 등 구부려 서 있다.
소리 낼 수 없고 전할 수 없어 흔적도 없는
슬픔이 범람했던 얼굴로.

2023년 늦봄
문형렬

차례

시집을 내며 · 5

1부 | 패랭이꽃 1985년

벚꽃 떠나네 · 13
과수원 풍경 · 14
엄지손톱 위에는 꽃길 · 16
니 뭐하고 있노? · 17
은지야 은지야 · 18
빨강 외투 · 19
누이에게 · 20
편지, 누이에게 · 23
어머니 여울물 소리 · 24
어머니 기다리시네 · 26
꽃잎마다 미리 쓴다 · 30
첫눈 · 31
패랭이꽃 1985년 · 33
입춘발원立春發願 · 36
입동立冬 편지 · 38
월급쟁이 비행사 · 40
새벽 항해 · 42
유산 · 44
맹순이네 국화빵 · 45
바지자락에 불붙었네 · 46

2부 | 눈먼 소년 벌판에서 오래 우네

다비 · 49
황무지의 집 · 50
모든 밤은 슬픔의 눈동자 · 52
어느 유목민의 첫사랑 · 53
4월의 약속 · 54
망설춘望雪春 · 56
3월 · 58
사랑은 뇌성마비의 얼굴로 온다 · 59
봄꽃 · 60
작은 입맞춤 · 62
겨울 벌판에서 · 63
언제나 봄꽃 · 64
점촌동 가자 · 65
황룡사지에서 · 66
풍금소리 · 68
벽암록 따라 · 69
눈먼 소년 벌판에서 오래 우네 · 70

3부 | 태양은 나의 그림자

청동상 권투선수 · 75
기다림이 떠나면 돌아오누나 · 77
나는 집이 없네 · 78
시냇물처럼 · 80
4월 레퀴엠 · 81
4월에 떠나면 · 85
당신은 전등사 나부裸婦 · 86
개보다 못난 인생 · 88
고향에 가고 싶다 · 90
버드나무 그늘 아래 · 92
얼음 수선화 · 94
강물처럼 울었네 · 95
파타고니아에서 달려간다 · 96
4월 편지 · 98
너의 이름만으로 행복했었다 · 100
태양은 나의 그림자 · 102
나의 묘비명 · 104

발문 | 혼자만의 약속 35년 · 106

1부

패랭이꽃 1985년

벚꽃 떠나네

지극한 슬픔은 어렵지 않아,
허공에 저무는 발자국이 많아서
빨래 같은 몸이 중얼중얼 얼룩지네
불꽃이 더 어두워라
갑자기 흩날리는 저 꽃들 따라
이생 저생 구별하지 않는
이별의 날이 들어설 때
해종일 기다렸던 내 사랑은
연붉은 재가 되어,
딜컥 내려앉는 소리 따라
얼굴도 모르는 바람과 빛이 되어,
속옷으로 스며드는
고위산 백운암 토종 왕벚꽃 ……
흔한 것들마저 다 가고 뒤늦게 와서,
호랑지빠귀는 뭐할라꼬 쉬어가며 울어쌓는지
낯설고 깊은 세상 어딘가로
겹겹이 견고하게 준비하고서
벚꽃, 와서 금방 떠나네

과수원 풍경

아무리 들여다봐도 심심하지 않은 깊은 우물, 탱자나무 울타리에 걸린 물뱀 허물, 봄밤을 솟구치는 술 냄새와 아버지 노래 소리 소리, 검둥이와 어슬렁거리며 꽥꽥하는 거위 다섯 마리, 바람에 곤두박질치는 흰 사과 꽃잎들. 자루에서 우루루 굴러가는 붉은 홍옥, 서리를 맞고서야 속맛이 나는 국광, 달디단 신품종 인도, 누런 코를 달고 다니는 부엌데기 맹순이, 그런 천사들이 세상없었는데 한순간에 다 사라져버렸다

사과나무 아래, 아버지
받아 둔 술상 위로 희게 흩날리고
붉게 떨어지고
눈보라 따라 지나가고
사과나무 그늘 아래
계절처럼 빈 술상만 남아서 기다리는데

태양도 다리가 아픈지 빨리 저무는 날
아버지 따라 아무 말 없이 깊어가는 과수원에는
사과나무 가지마다 희고 붉은 풍경을
바람 따라 매달고 있네

저기, 저기에

엄지손톱 위에는 꽃길

뒤도 안 보고 갈란다
해마다 봉선화 지고 피는 사이로
어머니는 긴긴 약속처럼
두 손, 엄지손톱을 나란히 내미신다

엄지손톱에 봉선화
꽃물을 들이면 저승길이 밝단다

짓이긴 봉선화 꽃잎 속으로
강물이 떠내려가고
식은 손발 묶듯
흰 실로 챙챙 동여매었던
여름날이 또 지나간다

앞만 보고 갈란다
비바람도 없고 눈보라도 없고
지치지도 않는 밝은 길

정말 그곳에서는
한마저 환해지겠네

니 뭐하고 있노?

니 시방 뭐하고 있노?
나이가 적나, 뭐가 슬프노?
싸락눈 사이로 어머니 산에 묻고
돌아와 소리 없이 흐느끼는데
아버지, 옛 모습 그대로 흰 두루막 입고
금방이라도 떠나버릴 듯 찾아와 꾸짖으신다
울지 마라, 형도 누이도 못 온다고 니가 아무리 캐도
그럴 리 없다고 기다리는 모습이 하도 애처로버서
그만 데리고 왔다
먼저 떠난 니 형도, 누이도 다 잘 있다
땅에서는 하고 싶었던 말도
천상에서는 눈 녹듯 없다
그리워하지 마라
맘에 두지 마라
니 시방 뭐하고 있노, 무릎 꿇고 살아라
돌아서시는 아버지 뒤따라
꿈길에서 무릎걸음으로 달려나가니
물 불 흙 바람
새벽달이 환하다

은지야 은지야

작은 오빠 왔다!
네 손잡아 흔들며
귀에 대고 아무리 말해도
너는 눈길 한 번 주지 않고
누구도 피할 수 없는 길을 서둘러
가버리는구나, 작은 오빠!
우리 커서 함께 찍은 사진이 없네
우리 같이 사진 찍어요!

다음 세상에는
니가 오빠 해라
이 슬픔 다 알도록

빨강 외투

가을 가고
누이 빨강 외투는
내 기억 속에 혼자서 걸려 있다
어린 날부터 멀리
나는 늙고
누이 세상 떠난 날 지나서까지
그래도 걱정하지 않겠다
땅에는 이별만 남아 있어도
네가 있는 그곳은
서러움도 환하고 울긋불긋하겠지

누이에게

 올겨울은 눈이 자주 오는구나, 그곳에도 눈이 많이 오니? 아버지와 형님도 넉넉하게 계시겠지 아직 땅에 있으니, 한여름 네가 떠난 뒤 사나운 가을이 어떻게 갔는지 희미하기만 하구나 어제 새벽에, 어머니가 네 이름 부르시는 소리를 비로소 알아들었다, 웅얼웅얼하시는 게 내내 무슨 말인지 알지 못했는데, 정신은 놓아버려도 기억은 차별이 없고 목소리 속 네 이름은 여전히 푸르더구나
 창문에 부닥치며 안을 들여다보는 눈발에도 새겨지는 이름처럼 은지야…… 요양병원 밖으로 나와 개울가를 걸었다 새벽별을 보고 제행무상을 깨치신 이도 있는데 나는, 자꾸만 작은 오빠 하고 부르는 네 목소리가 눈송이로 와닿아서, 멈추어 서서 언 귓바퀴에 두 손을 감싸고 하늘을 올려다보았다

 아직 어머니에게 네 소식을 전하지 못했다 말해야 한다고, 속맹세야 수없이 했지만 어머니 앞에 서면 목에서 눈보라가 일어서 더구나 어쩌겠니, 우편배달처럼 네 소식을 전달하고 돌아설 수 있다면, 지난봄 함께 찍은 사진 생각나니 우리, 오래 살자고 새끼손가락 걸고 다짐했던 그날 지나서, 올 수 없는 형님과 너를 침대처럼 누워서 창문을 흔드는 긴 바람 소리에도 화들짝 놀라며 기다리시는 어머니 사진 한 장, 눈송이마다 옮겨 보낸다

바빠서 못 온다고 해도 어머니는 너를 찾으시니 기다림이 녹슬 기라도 하는 쇠였으면 좋겠다 그래도, 지상에 남은 누나와 막내 누이와 나는 다 잘 있다고 형님과 아버지에게 대신 전해다오, 장마도 스쳐가고 태풍도 지나갔지만 그 속에서 오고 갈 수만 있다면, 돌길마저 먼지가 되었겠지, 작은 오빠도 다 안다, 지난해 오늘부터 오늘까지가 종이보다 얇아서 너의 모습도 나의 모습도 언젠가는 꽃보다 빨리 질 때가 오겠지, 잊을 때 슬픔은 가장 커지고 윤회의 길은 혼자서 가지만 나는 흐린 얼굴을 닦으며 단정하게 안부를 전한다 너도, 꿈에서나마 소식을 전해다오, 슬픔이 아무리 무력하다고 해도 다시는 서로 못 만난다고 해도

 나도 이제는 미루지 말고 어머니 등 톡톡 두드리고 가만히 안으며 무정하게 네 소식을 전해야겠지 어머니 두 엄지손톱에 마흔한 번째 봉선화 꽃물을 새겨드렸듯, 형님도 이제 찾아올 수 없다고 해야겠지, 그래도 그래도 다시 찾아오는 봄날처럼······너는 안 바쁠 때 그곳 소식을 거듭 전해다오, 우리가 아주 작았을 때, 아버지 세상 밖으로 떠나시던 날, 이제는 죽음도 삶의 한 조각이라고 이별이 가는 길을 펼치시던 어머니 긴긴 날짜처럼 모든 이별은 금강석 같다고 내게 꼭 말해주렴

편지, 누이에게

네가 떠난 지 3년이 지났다 종이 한 장보다 얇은 시간을 구길 수 없으니 일 년, 이 년, 삼 년…… 이생에서야 실낱같고 부질없는 일이 어디 있겠니? 땅에서 부질없는 일이 너는 다 보이는지 꿈에서조차 소식이 없어서 잘 있는 줄 알겠다

네가 떠났다는 소식을 전하지 못하다가 작년 봄 벚꽃 필 때 비로소 말씀드렸다 하염없이, 흐느끼다 다음날이면 까맣게 잊고 또 기다리던 어머니는 지난 1월 수줍게 웃으며 세상 밖으로 나가셨다 마흔두 번째 봉선화 꽃물을 마다하시듯 아버지, 형님, 다들 가슴 탁 치며 만났겠지, 오가는 길이 다른 지 3년 동안 너는 꿈에서도 만나지지 않더구나 너는, 땅에서 기어 다니는 작은 오빠를 보았을지도 모르니 살아서는 다 무정해도 괜찮다

아직도 시커먼 공장 일을 마치고 야간공민학교를 가던 네 뒷모습이 잘 보이지만, 이제 나도 덜 슬퍼할 줄 안다 어머니께 하고 싶은 말 다 하지 마라 이생에서야, 죽음이 있는 까닭은 어떻게 살아내어야 하는지 알려주기 때문이라고 할 수 없이 말하겠지만 그래도, 언젠가는 은지야, 모든 이별은 금강석이겠지?

어머니 여울물 소리

안 온다고 해도 올 거라고
너는 잘못 알고 있다고
그럴 리 없다고

바람 소리 들리면
나무 흔들리는 그림자에도
나가서 문 열어주라고

정말 그런가 싶어
문을 열면
여울물 소리만 와르르 안기네

봄이 퍼뜩 와서
잎이 파릇파릇 해지도록
눈 내리는 산, 먼 가슴에 다 품어서

못 온다고 해도
온다는 말 한마디 없어도
소리소리 문 열어보라고
따라 합창하는 여울물 노래처럼

불 켜 두고
반짝반짝 문 열어두네
이제 기다리는 사람은 떠났고
돌아올 사람은 아무도 없는데

어머니 기다리시네

형의 인생을 바다에 뿌리고 온 새벽,
비싼 양복에 빨간 넥타이 매고
좋은 곳으로 간다며
형이 인사하러 왔더라고
어머니는 환하게 꿈 이야기를 하신다
기다린 지 십 년이 넘었는데
이렇게 좋은 꿈은 처음이니
오늘 틀림없이 찾아올 거라고,
중풍에 굳어버린 오른손을
왼손으로 붙잡아 흔들고는
돌아앉아 손수 기저귀를 차고
출근하는 길에 아파트 입구 계단에
내려달라고 밥꽃처럼 웃으신다
어머니를 업어 계단에 내려두고
양산을 펴 왼손에 쥐여 주던 늦봄,
출근해서 회의하고 손등에 내려앉는
벼락처럼 사설 하나 써 넘기고
아파트 놀이터 등나무 그늘에 서서 본다
양복 입은 사람이 지나가면
어머니는 입을 벌리고

먼저 보고 싶어
엉덩이를 들었다가 놓는 사이로
햇빛은 자꾸 붉어지는데,
파도에 흩어진 형을 모아
빨간 넥타이를 맬 재주가 없으니
나는 저 기다림으로 들어설 재주도 없다
좋은 꿈은 사흘이 간다고
사흘 내내,
가루가루 눈부신 봄날이
사흘 건너 또 십 년이 지나가는 사이,
다시는 일어설 수 없어
요양병원 침대에 누워서도 소식이 왔느냐고
물으시면 기다렸다는 듯
잘 있다는 연락이 왔다고
나도 따라 흰쌀밥처럼 웃는다
들킬 리 없건마는
기다림은 만리 밖까지 걸을 수 있으니
알고 있으면서 모른 체하시는지,
돈 많이 벌어서 꼭 돌아오겠다는 약속을
나도 철석같이 믿어버렸는지,

어머니는 어머니대로
나는 나대로
기다리는 일이 바빠서
슬퍼할 겨를이 없다

꽃잎마다 미리 쓴다

꽃잎마다 쓴다.
어머니
엄마

Ma
mama mother mater motina anne nene ama anya
mate maty mati moeder mor mere maika mutter
mitera maci madre manman majka matka

모든 시간이 서로 작별한다 해도
꽃 찾아오는 땅이면
먼저 만나도록
미리 쓴다

첫눈
1979년

만 원짜리 종이돈 다섯 장을 가지런히 펼쳐놓고
야간여상 2학년 막냇누이는 손뼉을
칠 듯 말했다
"털실을 사고 싶어요!"

그날, 첫눈이 내렸을까?
방바닥에 떨고 있는
11월 한 달치 누이의 노동만큼

첫눈은 내려서
어머니의 수심愁心을 힘껏 가리고
털실을 사 안고 돌아오는 누이의 발뒤꿈치 밑에서
꽃잎 하나쯤 감추고 있었을까?

패랭이꽃 1985년

바람이 부딪치는 곳에 패랭이꽃이 많단다
어머니 말씀 따라
바람 부는 언덕에서 패랭이꽃을 캐었다
뿌리까지 캐어서 말려야 네 기침에 효험이 있다고,
1985년 첫 직장 교사 시절, 첫 소풍 따라가서
학생들이 싸온 김밥 몇 개 얻어먹고
비탈진 숲에 패랭이꽃이 얼마나 많은지
나는 교사가 된 것을 정말 자랑스러워했다
해 지는 줄 모르고, 학생들이 돌아간 줄도 모르고
말린 패랭이꽃을 네 손에 전해주던
그때가 언제일까?
늦홍역 끝에 얻은 기침이 도지기만 하면
혈관이 터져 두 손으로 받쳐 들던 붉은 피처럼
네 그리움처럼 쏟아지던 날짜들,
약도 소용없고 수술도 할 수 없어
속으로 품어 안기만 했던 너는 추억처럼 원망처럼
아버지만 살아계셨어도, 하고 말하지만
우리가 물려받은 것은 기다림에 젖은 눈빛뿐,
기침소리 솟구칠 때마다
약값이 없어 제때 치료 못했다고 어머니는 애태우시고

긴 시간 건너고 건너서
시골집 맏며느리 노릇에다 두 아들 다 키워놓고
너는 애닲게 잠들었구나
막냇누이와 누나는 소리 내어 울고
나는 슬픔으로 견고해진 네 얼굴을 쓰다듬는데
바람 속에서도 연붉게 피어나는 저 패랭이꽃들처럼
환한 네 목소리들이 주르르 쏟아지는구나
작은 오빠……!
큰 오빠도 먼저 떠나버렸는데
우리, 꼭 오래 살아야 해요
요양병원에 누운 어머니를 만나고 돌아서서
손가락 내밀며 해맑게 약속하던
지난 봄날처럼
우리가 시집, 장가를 가고 푸른 꿈도 늙어갔지만
네 가슴에서 터져 나오는 기침은 멈출 줄 몰랐던 것처럼,
나는 다 알고 있고, 나는 잊은 적이 없다
네가 낮에는 양초공장 일하고 밤에 청옥공민학교 다닐 때,
아버지 죽고 없는데 공부해서 뭐 하냐며
책가방을 빼앗아 와르르 쏟아버리고
손에 잡히는 대로 책을 찢어 던져도

너는 가만히 쪼그려 앉아
한 장씩, 찢어진 책을 풀로 붙여 책가방에 넣어 들고
고입 검정고시 공부하러 공민학교 가는 뒷모습을,
겨울 어둠 속, 그날부터 40년이 더 지나가도
네 얼굴 볼 때마다 겹쳐 보였다
교사 월급 받고, 소설 원고료 받아서
냉장고 사고, 세탁기 사고, TV 사고 너를 시집보낸 뒤에도
어디서나 손이 시렸다
이제 어디에서도 너를 만날 수 없지만
네가 가버린 아득한 그곳은 기침도 없고
숨도 차지 않고
그리움마저 아프지 않는 곳이니
어머니에게 나는 또 뭐라고 네 소식을 전해야 하는지
네가 가르쳐다오
나는 오래오래 피는 패랭이꽃처럼
시린 손 비비며 네 대답을 기다리고 있구나

입춘발원 立春發願

저 설산의 모든 관세음보살님과 시방삼세 모든 부처님과 무주 창공의 오백나한님과 불보살님께 입춘 앞에 원을 세워 올립니다. 미생의 어머니, 칠보화 보살은 입춘을 앞두고 이생을 작별한 지 수년이 되옵니다. 생시, 칠보화 보살은 삼도 삼사, 산골마다 불사를 하고, 기왓굴 안을 잠자리 삼아 떠도는 무명씨들의 장례도 치러주고, 겨울 움막에 사는 진태네 가족을 불러 아래채를 그냥 내어주고, 과수원 맹순이를 시집 보내어 살림을 내어주고는 세상물정 익히게 하느라 함께 애태우며 살았습니다. 새벽별 아래 천수경을 치며 십대발원을 품고 날마다 관세음보살님을 부르며 하루속히 더없이 높은 지혜를 구하는데 물러섬이 없었으나 삼생의 업장이 깊어 오래 병고를 받았으며 참척의 소식도 알지 못하고 기다리기만 하였습니다.

칠보화 보살이 떠난 뒤, 이 몸은 천일기도 원력을 세워 내딛는 발걸음 따라 "관세음보살"을 외며 칠보화 보살이 못다 한 세간에 남은 포원을 다 밝혀서 지상에 못내 두었던 인연과 업장을 바삐 태우고 다시는 윤회의 길을 받지 말고 헤아릴 길 없는 복을 받아 극락왕생하기를 빌었으나, 찰나마다 탐내고 성내고 어리석어 등 돌리듯 붉은 먼지 같은 행로가 저 발원에 이르지 못할까 화들짝 놀라 저어하고 참회하며 세 번째 입춘 앞에 섰습니다.

크게 자비롭고, 삼천대천 몸이 티끌처럼 나누어져서 바람마다 꽃잎마다 어머니의 생시 목소리마다 친구처럼 나투시는 관세음보살님이시여, 날마다 무명의 끝에 서서 허공의 길은 알 수 없다 해도 못내 붉고 푸르고 희고 검은 입춘발원을 하염없이 올리옵니다. 천 개의 손과 천개의 눈으로 칠보화 보살이 유부무기 무부무기, 천지 차별이 없이 머리에 일곱 가지 보석 꽃을 꽂고 가슴에는 설중화雪中花 안고 푸른 연꽃 극락정토에서 "꽃 왔네, 꽃 왔네" 하는 목소리가 눈앞 아득한 설산에서 흐르는 여울물 소리로 전해주시기를 내딛는 발걸음마다 발원하옵니다.

입동立冬 편지
청주 한씨 1941년

천지가 폐색하고 재두루미 길 떠나 소리 높이 나는 입동이 또 찾아옵니다 그래도 순간마다 화산리花山里 복사꽃 가득한 그 자리에 잘 계시겠지요……생전에 뵈온 적은 없으나 꿈에 한번 찾아오셨으니 죄스러운 속만 품고 삽니다 어리석고 부박해서 눈빛으로 전하시던 말씀을 알아듣지 못했던 제 잘못이 다입니다

긴 겨울이 오기 전에 북쪽에서 온 바람이 누런 풀잎을 먼저 흔들어 시끄럽게 하고, 그 소리 듣고 산짐승들은 굴을 파고, 어디서 첫눈 소식이 부딪치는 성엣장처럼 숨쉬는 것들마다 덜컹 전해져도 계시는 그곳은 햇빛 드높아 바람도 잠드는 곳이라 믿고 저는 또 아주 먼 곳을 지나갑니다

이제는 나이가 들어서인지 간절한 맘이 숨어들기만 합니다. 낯선 여기에도 어디에나 있는 사람들과 나무들과 땅이므로 먼 남서쪽 하늘, 생사의 애잔함 또한 달라지지 않는지, 붉고 누런 모래돌풍, 바람 길에 문득 서서 그래도 저 또한 잘 있다는 안부 올립니다

월급쟁이 비행사

학생들이 공책에 필기를 할 동안
창가에 서서 운동장을 본다
겨울 철새들은 북쪽으로 무사히 돌아갔는지,
백묵 가루 묻은 손가락을 비비며
돌아가지 못한 새들은 어디 있는지,
시베리아로 돌아간 새들 가운데
어느 새가 다시 돌아오고
어느 새가 다시 돌아오지 않을는지
밝은 공기 속에 잘 보인다
희망의 나침판을 따라,
쉼 없이 쳐 오르는 날갯짓 소리 따라,
뒤로 감춘 손가락을 탁탁 부딪치고
굳은 어깨를 위로 올려본다
머릿속으로 백묵 가루 우수수 지고
물살처럼 지나가 버린 청운의 그림자들은
먼지 낀 유리창 너머 아른거리는데
먹이를 찾는 어린 짐승들처럼 칠판을 한 번 보고
다시 책상 위로 얼굴을 숙이는 학생들은
힐끔힐끔 내 눈치를 살피지만
나는 지금 기류를 타고 마지막 날개를 펴고 있다

학생들이 필기를 끝내면
나는 고무줄처럼 회항回航해야 하는 월급쟁이 비행사
계절이 바뀌어도 돌아오지 않는
시베리아 철새의 얼굴로 유리창에 부딪친다

새벽 항해

꿈에 새벽 바다를 보았다
나는 교실에 서서
동트는 바다에 떠 있는 배를 보았다
맑은 유리창 너머
어등을 밝히는 배를 바라보며
나는 어린 날들을 한없이 그리워하였다
꿈이라는 것을 꿈속에서 알면서도
새벽을 밝힌 어등은 곧 어디론가 떠나는 배인지
긴 항해를 끝내고 막 부두에 돌아와
길고 깊은 숨을 내쉬고 있는지
유리창 안에서는 알 수 없지만
꿈속에서도 나는 곧 폭풍이 닥쳐오리라는 것을
알 수 있었다, 내륙에서 살았던 어린 날
멀리 있는 폭풍은 아름다웠지만
어른이 된 나는 곧 폭풍 속에 몸을 맡기고
스쳐간 청춘의 난파선을 끌어안고 몸부림치겠지
새벽바다는 조용하고 나는 새벽바다를 지나
끝내 폭풍 속으로 뛰어들리라
기다리지 않으리라
어떤 꿈도 기다리지 않으리라고

유리창 너머 환하게 불 밝힌 배들을 바라보며
항해의 시간 속으로 떠나간다
저 머나먼 교실에 왜 서 있었는지 알 수 없고
나는 파도에 밀려 잠 깨어 일어나
얼룩진 얼굴을 닦고
아파트 숲속 창밖으로 달음박질친다

유산
기운에게

아들아
내 배를 갈라 봐라

창자가 무명실처럼 엉켜 있는
나는 아버지
간에 등불을 켠다

맹순이네 국화빵
1963년

골목길에 손수레 국화빵 가게를 열고,
오늘 얼매나 팔았노?
어머니가 걱정스레 물으시면
10원짜리 동전 세 개를 내 보이며
전부 다 팔았다고 맹순이와
키 작고 눈 작고 얼굴 새까만 이씨 아저씨,
행복하게 웃는다
모자라도 착해빠진 신혼부부 두 사람에게
어머니, 팥을 삶아 설탕 넣고 소금 넣어
앙금 만드는 법 가르치고
국화빵틀과 밀가루를 사주며 세상 물정 공부하라고
손수레 떠밀어 골목길로 내보냈는데,
동네 꼬맹이 한 둘, 국화빵 사 가고 나면
둘이서 교대로 손님과 주인이 되어
꼬맹이에게서 받은 동전을 주고받으며
국화빵 다 사 먹는 겨울 모퉁이,
연탄불 쬐며 으깨어진 팥 앙금처럼
달콤해 하던 맹순이와 이씨 아저씨처럼
나도 아직은 잘 살아내고 있을까

바짓자락에 불붙었네

사람은 가고
이야기는 남는

겨울 산속
아궁이 불 때다 지쳐 잠든 밤,

바짓자락에 불붙은 줄 모르고
꿈속에서 울고 있는데

애절도 하셔라
관세음보살님이 나투셨다

자네……
바짓자락에 불붙었다네

눈먼 소년 벌판에서 오래 우네

다비

장작불 들어가도
산 날보다 뜨겁겠나?

강물보다 넓고
바람보다 깊게
불 들어온다

불 들어온다
괜찮다, 괜찮다

산 날마다
불 들어간다

황무지의 집

오래 쓸쓸하였네
황무지는 집을 만들고
거대한 슬픔은 아주 작아서
집 속에서 등불을 밝혔지
황무지의 이름으로 꽃이 피고
새벽 벌판으로 달려나가는
늑대와 은여우와 순록을 따라
외로운 날짜는 유황 연기처럼 떠나갔다
그곳은 안식, 드넓은 집
공중으로 차오르는 새떼들의 행로,
수천 개의 해와 달이
눈먼 등불을 창문마다 매달고
길 없는 집에서 기다리고 있으니
이제 외로운 날짜는 없다
거대한 슬픔은 작고 작아서
그리운 소금 기둥으로 녹아나거나
집을 품어 안는 강물로 차오르니
황무지는 집 속에서 스스로 잠드네
그곳은 긴긴 노래의 집,
기다리는 얼굴이 환한 등불로 내어걸리는

등불마다 이정표가 새겨진
그러나 그곳은 황무지에 불과한 곳,
언제나 쓸쓸했네, 오래 알 수 없네
황무지의 이름으로 꽃이 피고
떠나는 꽃잎이
당신의 집으로 돌아오는 이유를

모든 밤은 슬픔의 눈동자

천국에 어둠이 오고
천사들이 길을 잃을 때
밤은 모든 슬픔의 눈동자
날개에 불을 붙여 천사들은 뛰어내리고
태양과 달의 거리에서
망각의 불꽃으로 흐느낀다
왜 천사들이 길을 잃는지
왜 천사들이 날개에 불을 붙이는지
아무도 묻지 않는 모든 시간의 거리에서
천사도 악마도 알아볼 수 없는
나는 건조된 영혼,
떠내려가는 별들이 얼굴에 쏟아지고
불멸마저 스스로를 기억하지 않는다
천국에 어둠이 오는 시간,
나는 허공에 두 손을 버리고
버려진 저 두 손으로
천사들이 울음을 덮는 이 시간,
모든 밤은 슬픔의 눈동자
불붙은 날개로 떠나지 못할 곳이 없어
천사들은 공중에서 오래 운다

어느 유목민의 첫사랑

흐릿해지는 날짜들 따라
신기루 따라
붉은 숯덩이로 푸른 꿈은 떠나고
사막에 서서 뿌연 바람을 본다

…… 뼈에 사무친다

자벌레,
엎드려 모래 위에 쓴다
……………………………
…………… …… …… ………
…… …… ……… …… …… ………

4월의 약속

언젠가는 온다고
4월에
먼먼 4월에

온다는
약속조차 없어도
기다리지 말라는 기별마저 없어도

실개울 가에서
나는 기다립니다

날마다
단정하게 주저앉는 탑으로
날마다 날마다 새로 세운 탑으로

망설춘望雪春

너는 만발한 산벚꽃 나무를 본 적이 있니?
그 아래 꿈처럼 기다리는
따스한 얼굴을 기억하고 있니?
산벚꽃 ……
꽃잎마다, 꽃잎 따라
소리쳐 부르는 이름을 들은 적이 있니?
서로 작별했던 그날,
어디 있었는지 기억나지 않아 ……
나는 살았을까, 죽었을까?
전생에도 이생에도
어디에도 나는 없었을까?
쉼 없이 떠났던 봄날에
산벚꽃 그림자에 네 이름을 쓰며
울던 날에
아무 일 없던 산벚꽃나무 흐르는 꽃잎마저
네 이름을 소리쳐 부르던 날에

3월

팔다리가 다 떨어져 나가서
꽃으로 달려오는 3월
너는 나뭇잎마다 걸어 나온다
스스로 몸을 녹이는 진눈깨비와
뒤섞이는 탄식을 뒤엎고
새벽 사이로
온다,
등에 매달리는
흰 불꽃마다 저
번개로 얼룩진 얼굴들이
절벽에서 하나, 둘, 세 걸음 내딛어
금강석으로 달아난다

사랑은 뇌성마비의 얼굴로 온다

사랑은 뇌성마비의 얼굴로 온다
이름을 부르면 겨우 눈을 뜨고
가슴에 품으면 겨우 숨을 쉰다
너무 쉽게 버릴 수 있고
너무 쉽게 배반할 수 있고
너무 쉽게 파묻을 수 있구나
뇌성마비처럼 다루기 쉽고
속이기 쉬운 게 어디 있으랴
아무리 버리고 배반해도
땅속 깊이 파묻어도
결국 가슴속에 무너지는 일,
이름을 소리쳐 불러다오
가슴에 꼭 안아다오
사랑은 뇌성마비의 얼굴로
바위가 구르는 입 속에서 외친다

봄꽃

조양욱 형님에게

꽃이 피니 자꾸 눈물 날라칸다

꽃나무 아래 서면
덜 아프고 덜 괴로울까

혈관마다 달음박질치는 그리움들은
저들끼리 뒹굴고
또 가슴 가르고

나는 길에 서서
가만히 무릎 꿇고,
천지 휘날리는
저 꽃으로 걸어간다

작은 입맞춤

오늘은 여기 이 자리에서
내 입맞춤을 잊지 말아 다오

내일은, 저 하늘의 별들은
네게 전해주고 싶은 언어의 꿈들이다
네게 전해 주어야 할
작고 작은 이별의 목소리이다

입맞춤은 오늘 빠르고
입맞춤은 내일 흔적이 없다
오, 네 입술에 새겨진
내 노래를 지우지 말아 다오

겨울 벌판에서

어디서……
먼 고향에서
늑대 울음소리가
밤눈 따라 쏟아지는 밤
12월의 눈은 나무속에서 찾아온다

어디서
집으로 돌아가는
눈부신 어깨 속에서 눈이 내린다

모든 집의 외등으로 눈은
내려서
적막한 꿈을 덮고
집으로 찾아가는 길을 만드는데

저 벌판,
그리움 밖에서
홀로 눈이 내린다

언제나 봄꽃
또 조양욱 형님에게

봄꽃 같다
너를 기다리는 까닭은

봄꽃이 깊어서라고
소리 내어 몸에 적는다

봄꽃보다 낮고
꽃 그림자보다 더 낮은 생애 안팎에서

한때는 부서지도록 흔들렸던 사랑아
봄꽃은 가도 늙지 않는다

점촌동 가자

최정석 선생님

점촌동을 가자
점촌동 찾아가자
복사꽃 피는 점촌동을 가자

가서 미라처럼 울자
내 무너져 복사꽃 만리
너는 몰라라, 너는 몰라라
임이 없어도
점촌동 가자

없는 임이 날 잡아도
임처럼 뿌리치고
복사꽃잎마다 홀로 손뼉 치며
점촌동 가자,
점촌동 가서

오래전에 썩은 꿈도
꽃잎 따라
꽃잎으로! 떠내려가자

황룡사지에서

권대기에게

허공끼리 부딪치는 봄날이 또 지나가네
황룡사9층탑, 황금 깃발 따라
짓붉은 그림자 따라
먼 산부터 아주 먼 산까지
봄날은 꽃잎들을 다 데려가고
갑자기 돌아서서 내년 봄도 먼저 불러
데리고 가네, 꽃 그림자마저
가는 길도 묻지 않고 속속들이 따라 가네
나도 미리 따라가 볼까나
내년 봄처럼
황룡사9층탑 없는 그림자마저
동서남북으로 달려가는 날에
어디로, 어디로……
입안에 황금모래 오래오래 물고서

풍금 소리
기웅아

손을 흔든다
손을 흔드는 소리가 들린다

반짝반짝 손바닥 나부끼며
해야 저물어라,
손 흔들고 돌아선
가슴은 풍금 소리
고개 숙이는 소리가 들린다

보이지 않는 사람끼리
손을 흔들면
아, 수없이 하고 싶은 말들
너의 목소리, 너의 얼굴, 너의 가슴에
풍금 소리 울린다

벽암록 따라

산속에 비가 쉼 없이 온다
추워서 장작에 불을 붙이고
이생에서 소죽 끓이고 불 때는 일,
정말 잘했다는 생각이 또 난다
어릴 때 꿈은 무엇인지 몰라도
지금 다 사라지고
저잣거리에서는 몰라도,
매정하게 오는 비에 아궁이 불꽃 속
참나무 장작에 새겨진 빗줄기는
지나온 발자국일까?
다음 생의 이정표일까?
짧은 생각 사이 불꽃은 재로 바뀌는데
와르르 나는 흔들리고
갑자기 퍼부어대는 비 따라
마지막 불꽃은 얼음처럼 솟구치니
인연은 하얗게 늙고
살아 있던 사람이 언제 죽었다는
풍문처럼 나는 돌아와 장작불을 지핀다
소쩍이는 혼자 울고, 무엇을 탓하랴
불꽃마다 떠오르는 얼굴이
재가 되어 깊어간다

눈먼 소년 벌판에서 오래 우네

눈먼 소년 벌판에서 우네
눈먼 소년 벌판에서 혼자 우네
기러기들은 마지막으로 정든 집을 떠나네
정든 집을 버리고 가는 남쪽 하늘길은 아스라하네
나뭇가지로 지은 정든 집은 눈보라로 덮이네
눈먼 소년 벌판에 서 있네
눈먼 소년 벌판에 혼자 서 있네
정든 집은 바람으로 가득 차네
정든 집은 꽃잎으로 가득 차네
눈먼 소년 벌판에 서서 우네
눈먼 소년 벌판에서 오래 우네

3부
태양은 나의 그림자

청동상 권투선수

늙은 권투선수는 흔한 오른손잡이, 그는 쓰러지기로 약속한 6라운드까지 견뎌야 했다. 이마를 쉼 없이 맞았다. 오른쪽 귀가 찢어지고, 서리 내리듯 피가 번졌다. 곧 시합은 끝날 것이고 창밖에는 어린 날, 고향마을처럼 눈이 오고 있다는 생각에 그는 잘 버텼다. 기억은 희미해져도 그는 운명의 적처럼 달려나갔고, 주저앉았고, 정신을 놓았다. 6라운드 경기가 끝나고 관중들은 돌아갔다. 그는 혼자 4각 링 바닥에 떨어져 함성처럼 누웠다. 나는 그의 이름을 불렀다.

그는 글로브도 벗지 않은 채 눈길로 나선다. 눈보라 너머 멀고 냉정한 링을 수없이 지나 4각의 창문 아래, 부서지는 4각의 불빛 아래 그는 오지 않는 날짜처럼 다짐한다. 살아서 은퇴는 없다. 나는 그의 이름을 소리쳐 불렀다.

대설경보가 내린 밤, 늙은 권투선수는 벤치에 앉아 책을 읽고 있다. 나는 그가 읽는 책이 무엇인지 안다, 첫사랑. 나의 오랜 친구, 그는 내일 밤 또 경기에 나선다. 한때 번성했으나 이제는 이름 없는 그를 불러 돈을 건 마피아에게 그는 약속한다. 이번에도 힘을 다해 6라운드에 뻗기로.

　격투기에 밀려 권투는 인기 없는 종목, 그에게 모든 시합은 언제나 마지막 시합. 누구의 집인지, 그의 등 뒤로 초록 문이 조금 열려 있다. 내일이면 돈을 벌기 위해 밧줄이 쳐진 사각 속으로 뛰어들어야 하는데, 폭설이 내려도 그는 밤새도록 움직이지 않는 청동상처럼 앉아 있다. 누군가 기다리느라 모가지가 길어져만 갔다. 그가 읽는 책은 눈보라의 경전이 되었고, 저 푸른 꿈의 늙은 권투선수, 흐느끼는 그리스도처럼 눈 덮인 청동상이 되었다.

기다림이 떠나면 돌아오누나

모든 시간은 사라지고
모든 시간은
모든 시간에서 사라지누나
나의 산, 나의 언덕
지나간 사랑은 아름다워라
모든 시간은 사라지고
사랑은 혼자 산으로 언덕으로 돌아오누나
돌아오누나, 태어난 곳으로
저 머나먼 벌판처럼 흐느낌처럼
돌아오는 당신은 누구인가
기다림이 사라지면 돌아오누나
사랑은 혼자 사막으로 광야로
부서진 몸으로
해방의 아픔으로 돌아오누나
돌아오누나 굶주린 곳으로
부활의 슬픔처럼 숨죽여 돌아오누나
돌아와 말 못하는 당신은 누구인가
기다림이 떠나면 돌아오누나

나는 집이 없네

나는 집이 없네
나는 나의 집을 지을 수 없네
집은 영혼을 만들고
영혼은 스스로 불을 밝히네
나는 알 수 없었네
집 한 채는 한 생애를 이루는 일
찾으려 해도 찾을 수 없는 길
내게는 없는 길,
영혼은 언제나 집밖을 서성이고
나는 집을 지을 수 없네
나는 나의 집을 지을 수 없네

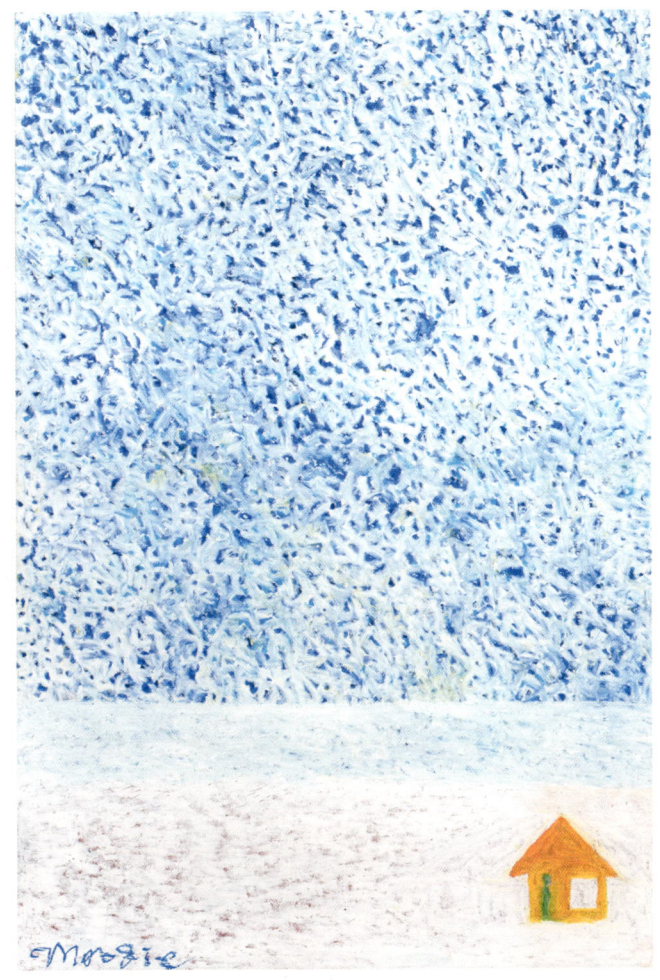

시냇물처럼

시냇물처럼 눈물이 흐릅니다
시냇물처럼
팔과 다리가 흐릅니다
상처의 시냇물처럼
가슴이 머리가 허리가 흐릅니다
해돋이에서 해넘이까지
하늘 높이 영혼은 모두 쏟아지고
시냇물처럼 눈물이 흐릅니다

4월 레퀴엠
우리의 친구들에게 바치는 노래

두 주먹 꼭 쥐고 4월이 간다.
물고기 떼들마저
꽃을 물고 기다려주는데
푸른 재처럼
4월이 떠나간다.

보라, 어디 있느냐,
휘날리는
청운의 꿈들이 수장되었던 바다에서
하늘까지
무지개 새길을 내는구나.

어디 있느냐, 보라!
우리가 믿었던
모든 약속들을 버려야 했던
저 바다 속에서
드높은 기억들마저
휩쓸어 팽개쳐버린 파도 위에서,
일생 두 주먹으로 울음을 부수어야 하는
붉은 4월이 등돌리고 가는데

그때 당신들은 어디에 있었느냐?

다 외쳐라, 다 전하라
다 외쳐라, 다 전하라
희망과
용기와
빛나는 추억의 얼굴들이
시퍼런 물속에서
무서움에 떨며 기다리고 있을 때
당신들은 또 어디서
잊고 있었느냐?
가슴 속 조화는 날마다 피어나 시들지 않는다.

다들 전하라, 다 외쳐라.
횃불을 들고
영혼들이 하늘로 가는 길을 밝히고
지상에 남아야 하는
모든 슬픔에 불을 붙여라.
슬픔보다 힘센 불길은 아무 데도 없으니,
언제나 불러보고 싶은 이름들은

아직도 저 차갑고 두려운 물속에서
기다림만 파랗게 살아남아서
하늘로 솟구치며 목놓아
그리운 이름들을 마주 부르고 있으니

지금은 짐승들도 슬퍼하는 시간
이제는 우리도 함께 물고기 밥이 되어
오래
울고 있으니

다들 외쳐라, 다들 전하라.
외쳐라, 전하라.
하늘에서도 땅에서도
언제나 기다리고 있다고.
다들 외쳐라, 다들 전하라.

4월에 떠나면

도적처럼 4월이 온다
산수유 가고
4월에 너는 와서
언제나, 어느 곳에서도 가지 않으리
너의 4월에
온몸 불질러 높이 들고
나의 꿈은 너의 영혼,
4월밖에 없는 나의 생애는
푸른 재가 쌓여서
한없는 불꽃으로 흐르고
떠날 수 없는 나의 4월에
너의 꿈은 나의 영혼
4월은 결코 갈 수 없으리
4월은 떠나지 않으리

당신은 전등사 나부 裸婦

당신은 좋은 시절을 만들 것이라고
지금도 소리치고 있겠지요 그러나 이제
좋은 시절은 없어요, 나를 버렸던
행복에 눈먼 당신의 그 시절은 이미 부서졌어요
오직 잊지 말아요,
대웅보전 동서남북 처마 끝에서
등에 지붕을 이고 있는 전등사 나부를,
묻지 말아요, 이유를
나는 내게도 묻지 않아요
나는 부서진 열매처럼 귀를 닫아버렸어요
저 새가, 저 꽃이
해와 별과 달이 그날 다 보았으니까요
머물 곳이 없는 벌판에서
없는 팔을 벌리고 선 나는
다시 못박힌 나무로 서서
그림자 두 팔을 벌리고
바람의 등에 업혀 달려가고
붉어가는 눈보라 따라 흩어져서
떠나갔던 내 가슴은
설산마다 등 굽은 나무로 서서

지층 깊이 뿌리를 뒤흔들어
당신의 발아래 활화산을 부르고 있어요
지진을 부르고 있어요
당신은 당신들은 동서남북 전등사 나부가 되어
생사 차별 없이 내세생생 지옥불을 받들 거예요
화염검이 당신의 혀를 태울 거예요
나는 날품팔이 전등사 목수
못박힌 나의 슬픔이
깨어진 유리창처럼 당신의 운명을 만든다는 것을
오래 살아서 부디 잊지 말아요,
당신이 얼마나 짓밟았는지
숨이 막혀서 나는 가슴이 문드러져서
바다가 해일로 일어서도록
내가 얼마나 울었는지
당신은 전등사 나부, 결코 잊지 말아요

개보다 못난 인생

개를 보면 생각난다
내 삶이 저럴 것이네
식은 밥그릇 앞에서
오래 엎드려 있었으니
아니네, 내 삶은
식은 밥그릇 옆에서
더 오래 쭈그려 앉아 있으니
개만도 못하겠지
개 같은 쓸쓸함도
입에 물 수 없을 것이네
휘두르는 낫 앞에 고스란히 서서
나는 이미 가슴에 박힌 낫,
길게 소리친다
야……, 이 개보다 못난 인생아

고향에 가고 싶다

고향에 가고 싶어
고향이 어디니?
......
그곳에 무엇이 있었니?
내가 날 때 심었던 감나무, 그보다 더 오래된 석류나무
그것 말고 다른 풍경이 있었니?
석류나무에 매인 흑염소, 낮고 낮은 굶주림,
실연失戀했다며 쥐약을 먹고
리어카에 실려가던 이웃집 처녀
그게 고향의 전부이니?
아니
그럼 무엇이 더 남아 있지?
노란 감꽃과 붉은 석류꽃, 늙은 광복군, 그리고……
그리고 무엇이니?
나는 고개를 흔들고 눈을 감는다
그곳이 아직 남아 있니?
아니
기억 속에만 있니?
아니……
그런데 어떻게 고향을 기억할 수 있니?

어떻게 기억에도 없는 고향을 찾아가니?
가야하니까,
고향은 장소가 아니니까
고향은 시간이 아니니까

버드나무 그늘 아래
안수산 1915~2015

버드나무 그늘 아래
아버지가 매어주신 그네에 앉아서
아득히 서서
집으로 돌아오시는 아버지,
해일을 헤치고 등대처럼
가슴 속으로 달음박질치는 꿈을 꾸었네
뒤뜰 연꽃은 지고 피고 또 떨어졌지만
떠나지 못하는 연꽃 향기처럼
귓속에는 아버지 목소리가 울려퍼졌네
수산, 연약한 나무에는 자꾸 오르지 말아라
연못에는 아직 연꽃이 남아 있느냐?
아버지는 꿈속에서만 돌아오시고
버드나무 그늘 아래 기다리던 소녀는
어느새 호호백발이 되고 말았네
버드나무 그늘 아래,
언제나 열한 살 꿈꾸는 눈빛으로
아버지를 기다리면
살아온 날들은 살아가야 할 날들 속에 있고
살아야 할 날들은
살아온 날들 한가운데 있으니

기다리는
나의 기쁨과 슬픔, 그 수는 똑같았네

얼음 수선화

새 발자국처럼 새벽이 뛰어왔어요
발자국마다 날개가 달려 있군요
지나온 검은 날짜들 다 지운다고
하늘에서 땅에서 아파트 유리창까지
반지하 창문까지
외양간 물통까지
얼음 수선화를 수놓고 있네요
송아지들도 노래하네요
우리도 날개가 있다고
외양간 넘어 우리들 먼 꿈속까지 뛰어와
우리 같이 새벽길 따라
깊은 봄을 향해 떠나가자고
벅찬 입김을 품어내는군요
태양보다 먼저 찾아왔던
근심과 눈물도 얼음 수선화로 활짝 녹아나네요
눈 덮인 벌판을 소가 되어 걸어가는
얼음 꽃들이 불꽃으로 떠나가는 길,
어디서 왔나요, 어디로 가나요
우리들 발자국도 날개가 달려 있어요

강물처럼 울었네

천막 같은 몸을 바람에 내어주고
강물처럼 울었네
붉게 타는 미루나무로 서서 홀로 울었네
어둠보다 먼저 저무는 뼈에서
쏟아지는 검은 보석 조각, 조각들이
서로 안고 뒤집으며 떠내려가고
물살에 부딪치는 푸른 시간들은
가시나무 풍향계로 달려가네
저쪽, 강 건너 저쪽 잡을 수 없는 꿈들이
속을 게워내며 아직도 숨가쁘게 따라오는데,
뒤따라오는 길마다 먼 해일이 올라서네
밑바닥으로 가라앉으며 솟구치며
떠밀려가는 슬픔들은 뒤돌아서
물거품을 붙잡고
사자 갈기머리를 뒤흔들고,
나는 엎드려 엎드려
범람하는 강물로 울었네

파타고니아에서 달려간다

안데스를 넘어온 바람이
파타고니아 벌판에 가득 찾아오면
바람은 더 이상 집을 만들지 않고
꽃잎마다 희끗희끗 몸을 눕힌다
나의 쉴 곳은 마른 꽃잎 속 바람의 집,
꽃잎 속에 둥글게 지나온 길을 말아서
소리낸다, 바람은 나의 눈동자
나의 몸은 엎드린 꽃잎의 노래
당신은 알 수 없으리,
바람 소리 따라 가슴을 치면
계절은 파타고니아 벌판에 사정없이 쏟아지고
나는 우연히 떠난 진눈깨비 여행자가 되어
어디에도 없는 집으로 달려간다

4월 편지

네가 가진 봄을 따라가면
언제나 나는 계절 밖
머나먼 벌판에 서 있다
흩날리는 목소리마다 네 얼굴 새겨져 있는데
차라리 없어도 좋은 4월에
낯선 바람이 등뼈를 지우고
눈이 아파온다
바람 부는 4월을 비우고
내가 비워지고
남은 모든 날짜들은
꽃잎 떠나듯 무너지는 하늘 그리움
우리 오래 지나서, 서른 해쯤 지나서
물방울로
달려가는 강물로 지나서
마침내 바다에서 만나면
낡은 보석처럼 빠르게 스쳐가도
금방 알아보고 가슴이 또 주저앉을까

너의 이름만으로 행복했었다

행복했었다
너는 내 이름만으로도
나를 이해한다고 했지,
거미가 애써 만든 집을 버리는 까닭도
새벽이슬로 쏟아지는 꿈 때문이라고
없는 것을 있다고 여기고
있는 것을 없다고 믿었으니까
누군가 우리 이름을 기억해준다면
만남과 떠남보다
가질 것 없는 세상에서
얻고 잃은 것을 먼저 말하겠지
떠나는 사람도 준비해야 하지만
남는 사람도 준비가 필요하다
가슴에 찍혀진 목소리를
지금 이야기하자
실매듭 진 앞가슴을 수직으로 갈라서
너는 마른 꽃내 나는 내 이름을 부르고
나는 잠들지 못하는 네 꿈 곁에 누워서
미안하다,
할 말을 다 못해서 나는 미안하다

너의 이름은 나의 두려움 없는 세상,
행복했었다
이별도 제 자리가 있으니
오늘도 내일도 떠나가지만
그 뒤엔 언제나 머물겠네

태양은 나의 그림자

태양은 나의 그림자
나를 태양에 묻어다오

내가 내 어깨를 떠미는 그곳
태양에 나를 파묻어다오

하늘의 길은 지상에서 끝내고
부리마다 태양의 흑점을 물고 떠나는

가장 큰 날개 갈가마귀야
가장 작은 날개 갈가마귀야

나의 묘비명

바람이 떠나가는 곳에서
나는 태어났네

일생 두려움에 떨고
불안에 떠돌며

달과 별,
태양과 함께
땅의 영혼을 노래했네

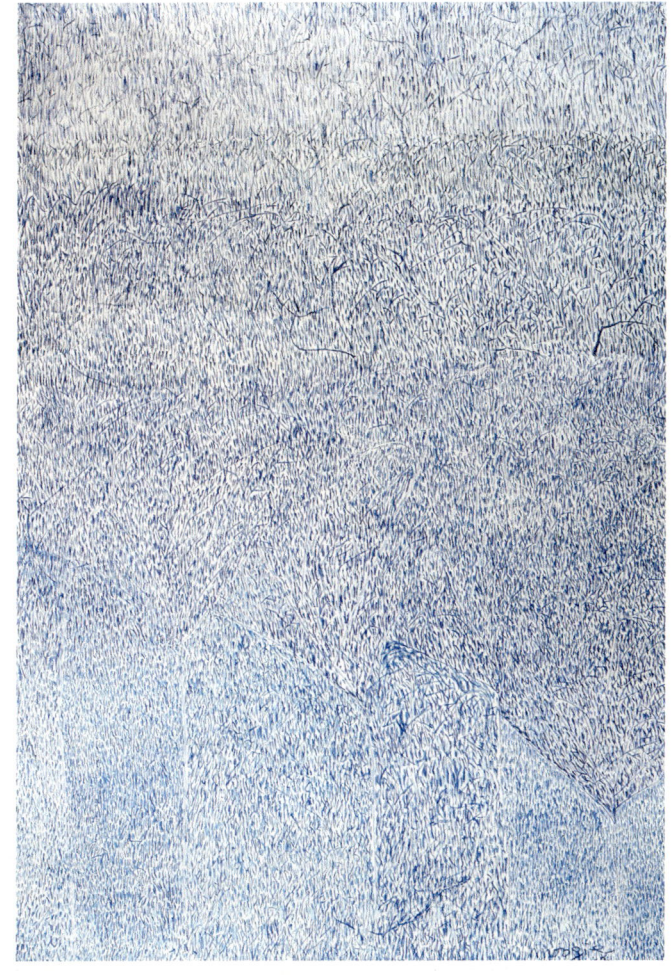

| 발문

혼자만의 약속 35년

문형렬

지난겨울, 일본 나스 시오바라Nasu Shiobara 고원高原에 있는 갤러리 옆 개여울에 날마다 나가 주저앉아 있었다. 개여울 위로 눈송이가 속절없이 떨어졌다. 그제야 아주 늦은 탄식처럼 소월의 심사가 빠른 물소리로 다가섰다.

당신은 무슨 일로
그리합니까?
홀로이 개여울에 주저앉아서

날마다 개여울에 나와 앉아서 나도 소월처럼 하염없이 무엇을 생각했을까. 소월이 스무 살 때 시「개여울」을 발표한 1922년에서 100년이 지나서야 비로소 소월이 '가도 아주 가지는 않노라시던 그러한 약속이 있었겠지요' 하는 속말이 내 귓속에서 메아리처럼 울려 나왔고, 물살에 녹아 희끗희끗 떠내려가는 눈송이마다 지난 시간이 물거품처럼 솟구쳐 올랐다. 1982년 소설과 시로 문단에 나온 지 40여 년이 금방 지나갔다. 청춘은 떠나갔는데, 왜 아직도 나는 공중의 깃발처럼 떨며 여전히 그 자리에 서 있는지 스스로에게 묻는 동안 눈은 내려서 개울가를 덮고 사방은 온통

물소리로 가득했다. 보고 싶은 얼굴들의 목소리도 들렸다, "늘 시를 쓸 때 인류를 생각하라"는 다짐을 주셨던 박두진 선생이 소설로 다시 등단하자 역정을 내시던 목소리가 그리웠다. 문 군은 시를 써야지, 소설 나부랭이를 쓴다고. 그러자 앞자리에 앉아 계시던 선우휘 선생은 웃으며 "문 군은 관상을 보아하니 소설을 써야 한다"고 하셨고, 그 말씀에 "선우 주필은 관상도 보시오?" 하고 몹시 서운해하셨던 모습도 그립다. 황순원 선생은 나를 보며 크게 웃으셨다. 대학을 마치고 바로 취직하려 할 때 선우휘 선생은 "젊은 날 작가노트를 보면 직장 생활 때문에 그때 쓰고 싶었던 글을 쓰지 못했다"며 "어떻게든 취직하지 말고 견디어 보라"고 한 말씀도 물소리 따라 지나간다. 그 말씀에 힘입어 대학원을 다니다가 결국 취직하고 말았다. 지금의 청춘들처럼 그때도 어둡고 불안한 시절이었다. 직장의 전무로 계셨던 박양균 선생과 사춘기 시절부터 만나 뵈었던 최정석 선생은 나를 어린 친구처럼 대해주셨다. 이제, 어떻게 하면 견딜 수 있는지 여쭙고 싶었던 선생님들-박두진, 조병화, 황순원, 전광용, 선우휘, 박양균, 최정석-은 날 혼자 버려두고 다 떠나셨다.

나는 눈 내리는 고원의 개여울에 주저앉아서 '굳이 잊지 말라는 부탁'이 언젠가는 돌아온다는 약속이라도 되는 듯 무엇인가를 하염없이 기다리고 있었는지도 모른다. 막막한 언어의 한계와 때없이 솟구치는, 불가해하고 불가피한 슬픔을 넘어서고 싶어서 1982년 봄부터 새벽녘이면 혼자 소리 없이 그림을 그리기 시작했다. 그림을 그리며 안드로메다보다 더 큰 종이가 있으면 좋겠다는 생각도 많이 했다. 헤르만 헤세Hermann Hesse는 시와 그림은 어떤 틈도 없다고 하고 클로드 모네Claude Monet는 그림은 말

없는 시이고, 시는 말하는 그림이라고 한다. 내게 그림은 눈먼 소년이 혼자 기다리며 바람에 들려주는 노래이고, 눈먼 소년이 얼마나 기다렸는지, 어떻게 기다리고 있는지를 세상에 들려주는 이야기이다. 그림을 그리며 이런 생각도 많이 했다. 버지니아 울프Virginia Woolf가 그의 언니 바네사 벨Vanessa Bell처럼 그림을 그렸다면 주머니에 돌을 넣고 강물로 걸어들어가지는 않았을 것이라고.

개여울 옆 누각 아래 큰 한지를 펼쳐 놓고 네 모서리를 돌로 눌러 바람에 펄럭이지 않게 한 다음 열흘 내내 아침부터 어두워질 때까지 나는 환한 꽃나무와 초가집과 붉은 바람에 허공으로 휘날리다 개여울로 떠내려가는 꽃잎들을 그리기 시작했다. 깜깜해지면 2층 숙소로 돌아와 그동안 발표했던 단편소설을 꺼내어 한 문장씩 다시 살펴보거나 계간지에 연재했던 장편소설을 고치곤 했다. 그런 순간은 슬픔도 눈부신 화려한 시간이었다. 파블로 네루다Pablo Neruda는 '시가 어느 날 내게 찾아왔다'고 했지만 내게는 시는 물론, 소설도 그림도 동화도 그 어떤 것도 찾아오지 않았다. 하냥 내 몸속에서 터져 나왔다.

그러고 보니 물살보다 더 빠르게 스쳐간 시간 동안 2년 가까이 신문 연재소설도 쓰고 전작장편소설도 부지런히 내었다. 내내 겁을 내다가 쉰에 전업작가를 시작하며, 문단에 나오면서 꼭 쓰고 싶었던 '동학혁명에 희생된 영혼들의 레퀴엠'인 『연적』을 2000매 전작으로 내었다. 한국전쟁을 정면으로 다룬 소설이 몇 편 없듯 동학혁명을 다룬 소설도 별로 없지만, 그 스러진 혼령들을 해학적으로 위로함으로써 오히려 슬픔의 형식을 극대화시키고 싶었으나 『연적』은 별로 팔리지 않았다. 소설에 애썼던 날들이 더

많았고, 그래도 박두진 선생의 말씀처럼 시를 잊은 적이 없었다. 날마다 시를 외우고 시를 썼지만 거의 발표하지 않았다. 시는 가슴속 서랍에 넣어두고 혼자 꺼내어 보고 속으로 외우며 내가 잘못 쓴 말은 없는지 붉은 루비가 되도록 닦곤 했다. 1990년 첫 시집 『꿈에 보는 폭설』을 내고 23년이 지나서 두 번째 시집 『해가 지면 울고 싶다』를 내었다.

내게는 소설에 그처럼 정성을 들인 작은 이유가 있었다.

직장이었던 서문로 영남일보 옛 사옥 옆 〈두엄〉 출판사가 있는 건물 2층 나무 계단을 밟고 올라가면 인혁당 무기수 나경일 선생을 아버지로 둔 후배 나문석 시인이 말갛게 탄 숯덩이 얼굴로 앉아 있었다. 그때가 1988년 가을이었고 〈두엄〉이 막 문을 열었던 때였다. 나는 그의 얼굴을 물끄러미 보며 언젠가 베스트셀러 소설가가 되어 그에게 멋진 소설 원고를 주리라는 혼자만의 약속을 했다. 그 무렵은 웹 소설도 없었고 소설가들도 드물어서 잘 팔리는 소설가가 될 가능성도 충분히 있었을 것이다. 내가 겪지 않았지만 내가 알고 있던, 유신과 신군부 시절을 건너오며 희생되었던 많은 이들과 그 가족에게 어떤 책임이 있다는 것은 내게는 의무라기보다 구체적 사실이었다. 사소한 경험도 있었다. 1980년대 중반 나는 중편소설 『금강산 꽃구경』을 신문에 한 달 연재했는데, 당시 신군부 시절에 금강산 꽃구경 가자는 말은 월북하자는 뜻으로 들렸다. 소설 제목으로 빚어진 그 섬뜩함 때문에 1982년부터 쓰기 시작했던 이십 대 청춘들의 동부전선 이야기 『어느 이등병의 편지』는 무려 30년이나 걸렸지만 완성할 수밖에 없었다. 나는 군복무시절, 우연히 동부전선에 있었고 수많은 청춘들이 지뢰밭 사고로 다치거나 죽고, 월북하는 사태를 직면했기에,

이름 없이 사라져간 청춘들을 기록하고 증언해야 할 의무가 내게 있었다.

유행가 가사처럼 그러나 세월도 야속하고 운명도 야속해서 소설은 별로 팔리지 않았다. 오래전 김준성 선생이 생전에 "자네는 절대 전업작가를 해서는 안 된다. 마니아들만이 좋아하는 소설이기 때문"이라고 하셨지만 어리석게도 기대를 버리지 못했다. 왜냐하면 눈 내리는 저녁 숲가에 멈춰선 로버트 프로스트Robert Frost처럼 나는 '지켜야 할 약속'이 있었기 때문이다. 잠들기 전에 더 가야할 길처럼.

아침에는 눈 덮인 고원의 개여울에 나가 주저앉아 있고, 그림을 그리다 문득 문득 나문석 시인에게 전화를 했지만 그의 전화는 수신이 중지되어 있었다. 서울로 돌아와서야 그를 만나 비로소 35년 동안 품었던 혼자만의 약속을 겸연쩍게 꺼내었다. 나는 개여울에 주저앉아서 약속을 지킬 시간이 얼마 남아 있지 않다는 생각을 하염없이 했었다. 그는 정부에서 인혁당 조작 사건의 배상금을 너무 많이 지급했다고 원금과 밀린 이자를 내놓으라는 독촉에 힘들어하고 있었지만 다행히 〈두엄〉은 '혼자만의 약속'을 지키라는 듯 35년 동안 문을 닫지 않고 있었다. 새 정부 들어서 원금은 그냥 두고 이자는 탕감해 주었지만 그 이전에는 그런 배려조차 없었다.

이렇게 해서 〈두엄〉에서 세 번째 시집이 나오게 되었다. 베스트셀러 소설가가 되지 못해서 소설이 팔리지 않으면 〈두엄〉에 부담을 주기 때문에 열여섯 살 때부터 어제까지 쓴 시 54편의 시집 원고를 그에게 전했다. 이 시집에는 30여 편의 미발표작과 등단하면서부터 혼자 그렸던 그림들도 들어 있다. 제작비 부담을 줄

이기 위해 표지도 직접 그리고 발문도 직접 썼다. 겨울이 오면 봄날 애써 지은 집을 버리고 함께 남쪽 하늘로 날아가는 야생 기러기처럼.

　무엇을 기억해야 하고 무엇을 말하고 싶고 무엇을 전하고 싶은지, 이제 회향의 길에 서서 그리움의 속도보다 더 빠르게 저무는 노을을 보며…… 그리워한다. 나도 언젠가는 범능 스님이 부르는 노래처럼 '내가 두 손을 따스히 내밀면 나의 두 손은 천 개의 손이 되고 내가 두 눈을 크게 멀리 뜨면은 나의 두 눈은 천 개의 눈이 되는지'를.

너의 이름만으로 행복했었다

2023년 6월 02일 초판 1쇄 찍음
2023년 6월 15일 초판 1쇄 펴냄

지은이 _ 문형렬
펴낸이 _ 라문석
편　집 _ 장상호
교　정 _ 김옥경

펴 낸 곳 _ 도서출판 두엄
등록번호 _ 제03-01-503호
주　　소 _ (41969) 대구광역시 중구 명륜로12길 21
대표전화 _ (053) 423-2214
전자우편 _ dueum@hanmail.net

ⓒ문형렬, 2023
ISBN 979-11-980114-5-9 03810

＊지은이와 협의하여 인지는 생략합니다.
＊이 책 내용의 전부 또는 일부를 재사용하려면 반드시 지은이와
　도서출판 두엄 양측의 동의를 받아야 합니다.
＊책값은 뒤표지에 표시되어 있습니다.